Reinhard Körner

Leb selber Kirche

Eine Kurzanleitung

Reinhard Körner

Leb selber Kirche

Eine Kurzanleitung

benno

Bibliografische Information
der Deutschen Nationalbibliothek
Die Deutsche Nationalbibliothek verzeichnet diese Publikation in der Deutschen Nationalbibliografie; detaillierte bibliografische Daten sind im Internet über http://dnb.d-nb.de abrufbar.

Besuchen Sie uns im Internet:
www.st-benno.de

Gern informieren wir Sie unverbindlich und aktuell auch in unserem Newsletter zum Verlagsprogramm, zu Neuerscheinungen und Aktionen. Einfach anmelden unter www.vivat.de.

ISBN 978-3-7462-6601-5

Umschlag: Ulrike Vetter, Leipzig
Gesamtherstellung: Kontext, Dresden (C)

Passen wir noch zusammen, die Kirche und ich?

– eine Frage, die sich auch mir stellte. In den 1980er-Jahren war der Kontrast zwischen der Tiefe und Weite des Glaubens, wie ich ihn in der Zeit nach dem Konzil im Theologiestudium vermittelt bekommen hatte, und der nun zunehmenden spirituellen Oberflächlichkeit und geistigen Enge im kirchlichen Leben immer größer geworden. *Zu* groß für mich und für so manch andere aus meiner Generation. Was jetzt tun? Leb selber Kirche, sagte ich mir damals nach langem inneren Ringen. Und von da an bin ich unzähligen Menschen begegnet – in der Kirche gebliebenen und „aus dieser Kirche“ ausgetretenen –, mit denen ich gern Kirche bin.

Heute stehen viele Menschen vor der gleichen Frage, in jeder Konfession. Für sie stellt sie sich angesichts der derzeitigen Zustände und aktuellen Entwicklungen noch bedrängender als damals für uns, und Hunderttausende beantworten sie mit dem Kirchenaustritt, seit Jahren werden es immer mehr. Auch ihnen, den dennoch Gebliebenen wie den Ausgetretenen, möchte ich sagen: *Leb selber Kirche*, zusammen mit Menschen, die ähnlich denken und empfinden wie du! Aus eigener Erfahrung weiß ich: Es ist trotz allem möglich, mit Gott und seinem Jesus Christus zu leben. Und das ist gerade jetzt so nötig für unsere Welt!

Wie das gehen soll? – Hier dazu eine Kurzanleitung.

Dass dieses kleine Buch schon nach einem Jahr in der dritten Auflage erscheinen kann, stärkt meine Hoffnung – für Gottes Welt.

Karmelitenkloster Birkenwerder,
Pfingsten 2024

Reinhard Körner

Inhalt

1. Frag dich zuerst:

Was bedeutet mir Gott?

Eigentlich geht es in der Kirche um *Gott* – um Gott, um Gottes Welt und um Gottes Menschen –, auch wenn sie sich gegenwärtig nach außen wie nach innen hin vor allem selbst zum Thema macht.

Sollte mir Gott also nicht wichtig sein, muss ich nicht Kirchenmitglied bleiben. Zu Recht erscheint dann vielen ein Austritt ehrlicher, als aus familiären, beruflichen und sonstigen Rücksichten oder nur der Tradition wegen dazuzugehören – zumal, wenn sie erleben müssen, dass auch in der Kirche alles vorkommt, was unter Menschen vorkommt, bis hin zu schlimmsten Verbrechen. Gott, an den sie nicht glauben können, wird dennoch nie aufhören, sie zu *seinen* Menschen zu zählen.

Ist mir Gott aber wichtig, dann sollte ich, falls ich an einen Kirchenaustritt denke, nicht zugleich mit der Kirchenmitgliedschaft das Glaubensleben aufgeben. Gott ist es wert, ein Leben lang gesucht zu werden. Und das sollte ich dann auch tun, denn ein Glaube, der sich nicht immer wieder von Neuem mit der Frage nach Gott auseinandersetzt, rutscht schnell in den Aberglauben ab.

Und vor allem sollte ich auf dem nichtkirchlichen Glaubensweg nicht allein bleiben. Menschen brauchen Menschen, um reifen zu können, auch im Glauben, und um nicht kauzig, egozentrisch und einsam zu werden. Im Übrigen gibt es durchaus Kirchengemeinden, kirchliche Einrichtungen und kirchliche Bildungshäuser, in denen Ausgetretene weiterhin willkommen sind.

Ist mir Gott wichtig, kann ich mich aber auch fragen: Könnte ich nicht, statt wegen der Zustände, die ich in der Kirche erlebe, auszutreten, einfach *selber Kirche sein*? Denn „die Kirche", das sind ja nicht nur die Leitenden und hauptberuflich Tätigen. Das sind alle ihre Mitglieder. Das bin auch ich.

Könnte ich also nicht, statt über die Verbrechen und Skandale in der Kirche immer nur zu klagen, einfach selbst menschenwürdig mit anderen umgehen? – so wie die meisten unter den Gläubigen, Priestern, Ordensleuten und Hauptberuflichen, die freilich alle nur Menschen sind.

Könnte ich nicht, statt mich über nichtssagende Predigten, seelenlose Gottesdienste und der Vernunft widersprechende Glaubensansichten zu ärgern, nach Möglichkeiten suchen, wie ich selber meinen Glauben an Gott vertiefen und mein Leben mit ihm lebendig halten kann? Noch nie gab es dafür so viele Angebote wie heute – wenn auch eher selten direkt vor Ort in der eigenen Kirchengemeinde –, so viel Literatur, so viele Vortragsveranstaltungen und Seminare, vieles davon auch im Internet. Nur sollte ich genau hinschauen, ob es wirklich immer „gesunde Nahrung" ist, die da angeboten wird.

Könnte ich nicht denen, die sich in den heutigen Großraumpfarreien heimatlos fühlen, selber ein wenig Zeit schenken und Kontakt zu ihnen halten, oder selber denen zuhören, die keinen Seelsorger mehr finden?

Vielleicht gibt es Gleichgesinnte in meinem Umfeld, mit denen ich mich regelmäßig treffen und über Glaubensfragen austauschen könnte, in einem Familienkreis, einer Jugendgruppe oder einem Bibelkreis zum Beispiel – oder als „Hauskirche" in meiner Wohnung, selbst wenn wir nur drei oder vier wären ... Und vielleicht finden wir in einem solchen Kreis ein gemeinsames „Apostolat", eine Aufgabe ganz konkreter Art, die wir zusammen übernehmen könnten, damit unser Glaube auch „Hand und Fuß" hat: Krankenbesuche etwa und soziale Hilfsdienste wie die Erledigung von Einkäufen und Behördengängen oder handwerkliche

Reparaturarbeiten und Begleitung zum Arzt ... – selbstverständlich nicht nur für die Gemeindemitglieder, denn Kirche sind wir für alle Menschen im Ort.

Bleiben oder gehen – wofür auch immer ich mich entscheide: Zuvor sollte ich mich ernsthaft und gründlich fragen: Was bedeutet mir Gott?

2. ... und mach dir bewusst:

Gott ist wer

Als Jesus Christus von Gott sprach, war das kein leeres Wort. Er meinte damit eine Realität. Und er sprach so von Gott, dass die, die ihm zuhörten, auf diese Realität aufmerksam werden konnten. Er lehrte sie keine Katechismus-Sätze; er lehrte sie – in ihrer Sprache, nicht auf „Kirchenchinesisch" –, die Augen der Vernunft und des Herzens zu öffnen und selbst zu erspüren, wer mit „Gott" gemeint ist.

So wie er, machten es Menschen aus seinem jüdischen Volk schon fünf/sechs Jahrhunderte vor ihm, als sie die Texte zu schreiben begannen, die wir heute im Alten Testament, also im jüdischen Teil unserer christlichen Bibel finden. Mit ihren Glaubenserzählungen wollten sie in anderen wachrufen, wofür sie selbst wach geworden waren: *dass es „hinter" unserer Welt eine Wirklichkeit geben muss, der wir es verdanken, dass die Welt überhaupt da ist – da ist und nicht nicht da ist*; und dass auch wir Menschen unser Dasein dieser größeren Wirklichkeit verdanken. Sie nannten Gott Schöpfer, die Welt seine Schöpfung, und gaben ihm den Namen JHWH – ICH BIN DA / ICH BIN DER, DER ALLES INS DASEIN SETZT.

Ein „Ahnen", dass da mehr ist hinter allem, trägt wohl jeder Mensch in sich. Zumindest in stillen Momenten kann es aufbrechen in der Seele. Nur nimmt sich dann nicht jeder die Zeit, um dem nachzuspüren, was er da ahnt. Und nicht jeder findet dann Worte, um das Erahnte benennen zu können.

Für Jesus und die Autoren der Bibel – wie für die jüdische und die christliche Religion bis heute – ist dieser *Urgrund allen Seins* nicht eine „Kraft" oder „Energie" nur, nicht ein göttliches Etwas ohne Bewusstsein, sondern ein *personhafter* Gott: eine Person in weit, weit größerem Sinne, als der Mensch Person ist, aber nicht von geringerer Art als diese höchste Daseinsform in der Schöpfung. Es ist ein Gott, der bewusst und willentlich handeln und sich von Ich zu Du den geschöpflichen Personen zuwenden kann – alles andere wäre zu klein gedacht über Gott.

Jesus nannte ihn „Abba – lieber Vater“ und zeigte uns durch sein eigenes Verhalten, dass wir von Gott *bedingungslos geliebt* sind, vor jeder Leistung und trotz aller Schuld – und dass dieser Abba-Gott sich danach sehnt, dass wir selber immer liebesfähiger, ja immer mehr zu seinen *Mitliebenden* werden.

Die Kirche hat die Aufgabe, diese Gotteserfahrung wachzuhalten. Und zu ihr hinzuführen. Wenn ich das in den Gottesdiensten und kirchlichen Veranstaltungen kaum einmal erlebe, kann ich mir doch selber bewusst machen, was hinter der Vokabel „Gott“ steckt! Will ich mit Gott leben, ob als Kirchenmitglied oder auf anderen Wegen, sollte ich mir, wie man jahrhundertelang sagte, *vergegenwärtigen*, dass Gott da ist; ich sollte mir bewusst machen: *Gott ist wer* – und er ist ein *absolut liebender* Gott. Würde ich nur an eine Lehre über Gott glauben, lebte ich mit einer religiösen Ideologie, nicht mit der *Wirklichkeit* Gott. Glaubhaft von Gott sprechen, ja in anderen Menschen Gotteserfahrungen wecken, kann ohnehin nur jemand – und sei er Bischof, Pfarrerin oder Gemeindereferentin –, der weiß, wovon und von wem er spricht.

Die Kirche ist die Kirche, ein weltweiter, in Hunderte Konfessionen verzweigter Verein von Menschen, die alle unvollkommen sind: Menschen, die rechthaberisch und engstirnig sein können, streitsüchtig, verletzend, egoistisch und lieblos, psychopathisch und auch böswillig ... Aber *Gott ist auch wer!* Und ihm sind alle diese Menschen *heilig* – so, wie die gesamte Menschheit, ja seine ganze Schöpfung ihm heilig ist. Er wird nie auch nur einen einzigen Menschen aufgeben; er wird, spätestens am Ziel unseres Lebens, das aus uns machen, wonach er sich sehnt.

3. Dann tu das Wichtigste:

Höre auf jeden Impuls zum Guten! – darin spricht Gott

Gott ist für die Augen nicht sichtbar, mit den Ohren nicht hörbar und durch naturwissenschaftliche Methoden nicht nachweisbar. Wäre er es, dann wäre er nicht Gott. Denn Gott besteht nicht aus Atomen und Molekülen, er ist weder Welle noch Teilchen und weder erkennbare noch dunkle Energie; er besteht aus nichts, woraus das Universum – und sollte es existieren, das Multiversum – besteht. Gott, der Urgrund von allem, ist von anderer Daseinsart als seine Schöpfung. Und doch ist er ihr nicht fern: Sein göttliches Wesen ist in jedem geschöpflichen Wesen „drin" – ohne mit ihm identisch zu sein. In allem ist er gegenwärtig. Deshalb kann Gottes Geist in unseren menschlichen Geist hineinwirken. *Gott „spricht" zu uns*, sagt die Bibel Hunderte Male, und er möchte, dass wir ihm „zuhören".

Selbstverständlich spricht Gott nicht akustisch, er spricht nicht mit Wörtern. Aber täglich und stündlich kommt sein

Wort auf mich zu: durch Sätze – ob aus Büchern, aus Gesprächen oder woher auch immer –, die mich „ansprechen"; durch Gedanken, die mir „etwas sagen wollen"; durch Empfindungen, die bewirken, dass sich meine Gefühle umstimmen und neu einstimmen können; durch Bilder, Melodien und Poesien, die mich anrühren; durch „Eingebungen" manchmal auch, die mir etwas bewusst machen, das ich zuvor nicht im Blick hatte. Es sind Impulse, die mich dazu bewegen wollen, über das hinauszudenken, was ich gerade denke und empfinde. Sie lenken mich zum Guten oder Besseren hin, sie führen in die Weite ...

In der Bibel stehen dafür die häufig vorkommenden Begriffe „Geist der Weisheit" und „Geist der Liebe"; das bedeutet: Gottes Geist gibt *Weisheit* und *Liebe* in meinen Geist hinein.

Das deutsche Wort *Weisheit* trifft recht gut, was mit dem hebräischen oder griechischen Begriff gemeint ist, denn es kommt von „weisen“, nicht von „wissen“: Weisheit ist das, was mich weiter-weist, mich unter-weist, mich auf etwas hin-weist, mich über Bisheriges hinaus-weist; am treffendsten lässt sich Weisheit mit „weisende Wahrheit“ umschreiben. Die Bibel ist selbst voll solcher Weisheit: In ihr haben Menschen aufgeschrieben, was Gott ihnen „gesagt“ hat; sie enthält geradezu kompakt Gottes „Wort“. – Und *Liebe* meint hier das innere Spüren, dass ich gewollt und wertgeschätzt bin, aber auch den inneren Antrieb, selber liebevoll und gut sein zu wollen.

Jeder Mensch kennt solche Erfahrungen. Für den gottgläubigen Menschen haben sie ihre Quelle letztlich in Gott; von ihm geht die „Geistkraft“ (hebräisch: ruach) aus, von der die Bibel so oft spricht. Weisheit und Liebe sind die Sprache, in der Gott in unseren Geist hineinredet.

Auf diese Sprache *hören*, das ist das Wichtigste im religiösen Leben. Das Hören – nicht das Reden – ist die „Grundaktivität" des Glaubens. Denn Gott hat uns mehr zu sagen als das, was wir ihm zu sagen haben und was er ohnehin immer schon weiß.

Wo Gottes „Wort" gehört wird, dort kann er in seine Welt hineinwirken und in seiner Welt handeln. Durch uns Menschen. So, wie er durch Jesus handelte. Mit seinem Geist der Weisheit, der Liebe, der Friedfertigkeit, der Geduld, der Vergebung ... befähigt mich Gott, in seinem Sinne zu denken, zu reden und zu handeln – in die Gesellschaft hinein, in die Menschheit.

Kirche ist nur dort wirklich Kirche, wo Menschen mehr hören als reden – beim Beten, beim Glaubens- und Bibelgespräch, in den Gottesdiensten, in der Abendmahls- und in der Eucharistiefeier ...

„Gott wohnt in der ganzen Welt, aber eigentlich wohnt Gott dort, wo man ihn einlässt“, heißt es in einer jüdischen Erzählung. – Wo Menschen Gott einlassen, dort *leben sie Kirche*.

4. … und:

Rede Gott an! –
innerlich, persönlich, von Ich zu Du

Zur Kirche gehört es, dass ihre Mitglieder *beten*, gemeinsam in den Gottesdiensten und persönlich im Lebensalltag. Jedenfalls sollte es so sein. Beten heißt: *sich zu Gott hinwenden.* Ob gemeinsam laut oder persönlich still, ob sprechend oder singend, ob mit vorgegebenen Texten oder mit selbst formulierten Worten – entscheidend ist, dass ich dabei an Gott denke, mir vergegenwärtige, dass er da ist, und innerlich ihn anrede *von Ich zu Du*. Aber auch Schweigen kann Gebet sein: einfach nur mit der inneren Aufmerksamkeit bei ihm sein.

Im Beten mache ich Ernst mit meinem Glauben daran, dass Gott da ist – und dass er mich hört.

Wenn ich erleben muss, dass viele in der Kirche nur selten oder gar nicht beten oder Gebete nur „verrichten", Gottesdienste nur „besuchen" oder Zelebranten die Heilige Messe nur „lesen", ist das kein Grund, nicht selbst zu beten.

Ganz gleich, ob ich Kirchenmitglied bin oder nicht oder nicht mehr. Denn Gott ist da, verborgen aber wirklich, und er ist *jedem* Menschen zugewandt. Jeder hat also das Recht – und von Natur her auch die Begabung –, sich auch seinerseits Gott zuzuwenden.

Im Beten mache ich Ernst damit, dass ich mich als Mensch einer größeren Wirklichkeit verdanke. Diese Dankbarkeit hin und wieder Gott gegenüber auszudrücken, nicht formalistisch, sondern von innen her, bewahrt mich davor, alles als selbstverständlich zu nehmen oder mich gar für den Größten zu halten.

Beten ist ein Zusammensein mit Gott, ähnlich einem Gespräch zwischen zwei Freunden. Dabei kann ich Gott auch mal um etwas bitten, für mich und für andere. Aber solche Bitten und Fürbitten, manchmal auch Hilfeschreie, sind dann *Ausdruck des Mitleidens und Mitsorgens mit Gott und seinen Menschen*

– ohne die abergläubische Vorstellung, wenn man ihn nur viel und eifrig um etwas bitte, würde er genau das Erbetene geschehen lassen.

Immer aber sollte Beten auch Hören sein. *Kontemplativ* beten, nennt das die christliche Spiritualitätstheologie. Denn Beten heißt vor allem: auf die Impulse der Weisheit und der Liebe achten, mit denen Gott zu mir spricht; und vielleicht auch auf meine Bitten und Fürbitten antwortet, um *mich selber* zum Handeln in der Not zu bewegen. Deshalb sollte ich diese Impulse *meditieren*, das heißt, über sie nachdenken und sie auf meine aktuelle Lebenssituation beziehen.

Kontemplation und Meditation gehören zusammen und sind Wesensmerkmale des Betens selbst, nicht andere oder spezielle Formen des religiösen Lebens. Sie erst machen das Beten zu einem Gespräch zwischen Gott und mir, zwischen mir und Gott. Und dieses Gespräch wird sich dann auf alles auswirken, was ich tue, wie ich denke, was ich plane, wie ich mit meinen Nöten und mit dem Leid anderer umgehe, wie ich mich verhalte und engagiere in der Familie, in der Kirchengemeinde, in der Gesellschaft.

Beten kann mitten im Alltag geschehen, während der Arbeit und während der Freizeitbeschäftigungen. Aber es braucht auch ausdrückliche Gebetszeiten – wenn nicht halbe Stunden, dann wenigstens ein paar Minuten; wenn nicht regelmäßig, dann wenigstens hin und wieder.

Ein bestimmter Ort ist dafür nicht nötig. Aber ein Ort, an dem ich die Präsenz Gottes besonders wahrnehme, kann sehr hilfreich sein: eine einfach gestaltete, tagsüber offene Kirche, ein stiller Platz mit Blick in Gottes Natur oder mit Blick über die Stadt mit Gottes Menschen ...

Wer so betet, lebt Kirche – und tun es mehrere gemeinsam, wer sie auch seien, dann *sind* sie Kirche.

5. Frag dich:

Was bedeutet mir Jesus, wer ist er für mich?

Das deutsche Wort „Kirche“ stammt vom griechischen Wort „kyriakä“ ab. Die ersten Christen nannten ihre Gemeinden eine „kyriakä ekklesía“, eine zum „kýrios“, zum „Herrn“, zu *Jesus Christus* gehörende Gemeinschaft. Durch Lautverschiebung wurde dann in unserem Sprachraum „kyriakä“ zu „kiricha“ und schließlich zu „Kirche“.

Die Kirche besteht also aus Menschen, denen Jesus Christus wichtig ist. Das macht ihr Wesen aus.

Die Frauen und Männer aus dem Jüngerkreis, die Jesus zugehört hatten, waren bewegt davon, wie *er* über Gott sprach. Sie hatten ihn geradezu als *Weisheit in Person* erlebt und waren berührt von seinen Worten, die er „Evangelium“ – frohmachende Botschaft über Gott – nannte. Auch die Menschen, die dann später von Jesus hörten, jüdische wie nichtjüdische, wollten seine Jünger – seine Schüler – sein. So entstanden im damaligen Römischen

Reich immer mehr Gemeinden, kleine „Hauskreise" meistens, die sich als Kirche, als *zum Herrn gehörend* verstanden und sich miteinander in sein Evangelium vertieften.

Und vor allem waren sie bewegt und berührt davon, dass Jesus in seinem Charakter selbst so war, wie er von Gott sprach. Sie glaubten ihm, dass sie Gottes geliebte Töchter und Söhne seien, aber in ihm sahen sie einen *einzigartigen Sohn Gottes*. Sie glaubten ihm auch, dass Gott keine seiner Töchter und Söhne im Sterben totgehen lasse, und deshalb glaubten sie von ihm erst recht, dass Gott ihn nach dem grausamen Kreuzestod aufgeweckt hatte aus dem Totsein und er nun mit Gott in der Daseinsweise Gottes lebt.

Bald kamen sie zu der Erkenntnis, dass Jesus nicht nur ein menschlicher Sohn Gottes gewesen sein konnte, sondern dass er ein *göttlicher Sohn Gottes* sein musste. Sie beteten zu ihm, wie sie zu Gott beteten, den sie wie Jesus

„Abba – lieber Vater“ nannten. Und sie hörten nun seine Worte von damals als Worte des auferstandenen Jesus von heute in die Lebensumstände auch ihrer Generation hinein. Sie lebten mit seinem Abba, und sie lebten mit ihm, der sie seine „Freunde“ genannt hatte, als ihrem *göttlichen Freund*. Bei ihren Zusammenkünften vergegenwärtigten sie sich im gemeinsamen Abendmahl: Er ist bei uns.

Diese Art religiös zu leben – zugleich mit Gott, dem Abba, und mit Jesus, dem göttlichen Sohn Gottes –, führte sie allmählich auch zu der Erkenntnis, dass es noch eine dritte „göttliche Person“ geben müsse. Sie gaben ihr den Namen der Kraft, die sie aus der jüdischen Glaubensgeschichte als Gottes „Geistkraft“ kannten, und nannten sie *Heiliger Geist*. Der eine Gott, der Urgrund und Schöpfer der Welt, muss, so wurde vielen von ihnen immer mehr klar, ein gemeinschaftlicher Gott sein: „ein Gott in drei Personen“, wie dann im Jahr 325 ein Konzil formulierte – ein *dreieiniger Gott*.

Als diese Art zu denken und zu leben sich in ihrer starken Anziehungskraft über das gesamte Römische Reich verbreitet hatte, wurde sie im 4. Jahrhundert zur Volksreligion und schließlich zur verpflichtenden Staatsreligion erklärt. Leider hatte das zur Folge, dass die Menschen von da an kaum noch zur *eigenen* Erkenntnis hingeführt wurden, dass Jesus der göttliche Sohn Gottes und Gott ein dreieiniger Gott ist; es wurde ihnen nun einfach als zu „glauben" abverlangt. Hierin liegt eine der geschichtlichen Ursachen dafür, dass der christliche Glaube für immer mehr Menschen zu einer unverständlichen Ideologie wurde und „die Kirche" so geworden ist, wie sie heute ist.

Deshalb frag dich selber, für wen du Jesus hältst. Ist er dir „irgendwie" wichtig, gehörst du zu seiner Kirche. Hab ihn zum Freund, ganz gleich, wie du die Kirche erlebst. Aber geh deinen Weg nicht allein – dann kannst du, in Gemeinschaft mit anderen „Gottsuchern“, zu der Erkenntnis finden, dass auch Gott ein Gott in Gemeinschaft, ein dreieiniger Gott sein muss.

6. Nimm die Menschen um dich herum wahr:

Wir alle sind Gottes Menschen

Die Kirche ist das „neue Volk Gottes", wie auch das jüdische Volk das „Volk Gottes" ist und es immer bleiben wird. Aber beides ist nur wahr, wenn wir nicht vergessen, dass *aus Gottes Sicht* die gesamte Menschheit „Volk Gottes" ist. Juden und Christen sind *Teile* des Gottesvolkes, zu dem die Anhänger anderer Religionen genauso gehören wie die religionslos und atheistisch lebenden Menschen. Gott hat, in der Bildsprache der Bibel ausgedrückt, Adam und Eva nicht als Beschnittene oder Getaufte erschaffen, sondern als *Menschen*, und er hat seinen „ewigen Bund" mit allen Nachkommen Noahs geschlossen. *Wir alle sind Gottes Menschen* – das haben das Zweite Vatikanische Konzil in den 1960er-Jahren und später mehrere päpstliche Schreiben eindrucksvoll und deutlich in Erinnerung gebracht. Angekommen ist es in der Kirche bei vielen noch nicht.

Gott geht seinen Weg mit *jedem* Menschen – hin zum selben Ziel. Von seiner Seite her gehören alle zu seinem Volk. Ich kann also aus der Kirche austreten, aus dem Volk Gottes nicht. Das darf – und sollte – ich mir bewusst machen, wie auch immer ich meinen Lebensweg gehe.

Gottes „Wort" wird mich immer erreichen. Er gibt seinen Geist der Weisheit und der Liebe in jeden Menschen hinein, und wo man diesen Geist in sich einlässt – um Gott wissend oder nicht um ihn wissend –, da wirkt und handelt er in seiner Welt.

Deshalb können wir voneinander lernen, die Religiösen von den Religionslosen, die Religionslosen von den Religiösen und die eine Religion von der anderen – über das menschliche Herz vor allem; über die uns allen gegebene Fähigkeit zu Mitgefühl, Einfühlung und Gebrauch der Vernunft; über Schuld und Vergebung; über

Verantwortung und Hilfsbereitschaft; über den rechten Umgang mit Gottes Schöpfung ... über Gott und über *seine* Wege mit uns Menschen.

Der Auftrag, „Salz der Erde“ zu sein, mit dem Jesus seine Schüler aussandte, wird dadurch nicht geschmälert. Wir Christen haben anderen etwas zu geben – das Salz, das Jesus uns gegeben hat: sein Evangelium über Gott, wie *er* es gelehrt und vorgelebt hat. Aber auch sie haben uns etwas zu geben – das Salz, das Gott *ihnen* gegeben hat: seinen Geist der Weisheit und der Liebe, wie sie ihn in ihren Religionen, Weltanschauungen und Kulturen aufgenommen haben.

Wir alle können „Salzmenschen“ sein – für einander. Und das braucht unsere Welt so sehr! Heute wohl mehr denn je.

Dass die Zahl der Kirchenmitglieder in anderen Ländern der Erde, in Afrika vor allem, wächst, während sie in

Deutschland und Europa in rasantem Tempo abnimmt, ist ein trügerischer Trost. Denn der Glaubwürdigkeitsverlust der Kirche ist längst weltweit zum Problem geworden, und die Glaubbarkeit des christlichen Glaubens schwindet im Zuge der wachsenden Allgemeinbildung überall, solange er nicht verstehbar und verständlich vermittelt wird.

Vielmehr sollten wir darüber staunen, dass Gott auch *trotz des Versagens seiner Kirche* mit seinem Salz die Menschheit erreicht.

Dabei *mit Gott mitarbeiten* – weiterhin als Mitglied der Kirche oder, wenn ich mich in meinem Gewissen dazu entscheide, als Ausgetretener –, *das* ist es, was heute so nötig ist, Gott zur Freude und den Mitmenschen zum Heil. Gelegenheiten dazu und Möglichkeiten dafür gibt es reichlich. Wenn ich die Menschen um mich herum, die jeweils ganz konkreten, als *Gottes* Menschen wahrnehme, kann ich mit sehr vielen von ihnen ein „Salzmensch" sein – dann aber unter dem Leitwort, mit dem Franziskus von Assisi seine Brüder losgeschickt hat: „Geht und verkündet das Evangelium – notfalls auch mit Worten!"

7. Sei ehrlich zu dir selbst und frag dich:

Wofür und für wen will ich leben?

Es kann viele Gründe geben, aus der Kirche auszutreten, und nicht immer ist der Anlass – heute vor allem ihr desaströser Zustand – der eigentliche Grund. Es kann auch viele Gründe geben, in der Kirche zu bleiben, und nicht immer ist der Glaube der wirkliche Grund.

In beiden Fällen kann es Gründe geben, die eher mit dem zu tun haben, was schon Augustinus im 4. und Martin Luther im 16. Jahrhundert das „auf sich selbst zurückgekrümmte Herz" nannten – egoistische Motive, die dem Einzelnen meistens gar nicht bewusst sind. Darum sollte ich genauer hinschauen, ehrlich zu mir sein und mich fragen: *Warum* eigentlich bleibe ich? *Warum* eigentlich will ich austreten oder bin ich ausgetreten?

Und ich sollte mir noch eine zweite Frage stellen, ganz gleich, ob ich bleibe oder gehe: *Wofür und für wen will ich leben auf dem von mir gewählten Weg?* – auch sie hat mit dem Herzen und seinen Motiven zu tun.

Wir Menschen haben die Fähigkeit, uns anderen – und sogar Gott – zuzuwenden von Ich zu Du. Es ist die Fähigkeit zu *lieben*. Richten wir sie nicht zu anderen hin, bleibt sie „zurückgekrümmt“ auf das eigene Ich und wir leben auf dem Ego-Tripp – für die Bibel die Ur-Sünde des Menschen schlechthin, die sich in jedem Fall unheilvoll auswirkt, sowohl auf die persönliche Charakterentwicklung wie auf das Zusammenleben in den Gemeinschaften, in Familie, Kirche und Gesellschaft. Und auf das Leben mit Gott. Die christliche Theologie spricht dann von einer „heils-egoistischen Spiritualität“. Sie kommt in der Kirche vor, und sie zeigt sich heute auch in den vielen Spiritualitäten, die aus Elementen verschiedenster Religionen und Kulturen zusammengebaut sind.

Wir können nur Menschen sein und werden, wenn wir *für* etwas, ja für *jemanden* leben – nicht nur für uns selbst und für unser eigenes Wohl.

Nur dann finden wir zu einem erfüllten Leben.

Es genügt daher nicht, sich *gegen* die weitere Mitgliedschaft in der Kirche oder *gegen* den Austritt aus der Kirche zu entscheiden. Ich muss auch wissen, *wofür* ich lebe, als Mitglied wie als Ausgetretener. Vorbild darin kann für beide Jesus Christus sein; er hat uns das *Für-Sein* wie kein anderer vorgelebt.

Selber Kirche leben heißt: sich wie Jesus und mit Jesus für Gott und seine Menschen engagieren, für Gott und seinen Weg zum Ziel seiner Schöpfung. An welchem Platz auch immer.

Die Gelegenheiten dazu werde ich finden, wenn ich *nicht allein* Kirche lebe.

Keiner von uns weiß, wie sich *Kirche-Sein* in Zukunft entwickeln und gestalten wird. Worauf es *heute* ankommt, hat Paulus in einem seiner Briefe an die frühchristliche Gemeinde in Korinth auf den Punkt gebracht:

Für jetzt bleiben
Glaube, Hoffnung, Liebe,
diese drei;
doch am größten unter ihnen
ist die Liebe.

(1 Kor 13,13)